AF503669

SECTION DE BRUTUS.

DISCOURS

PRONONCÉ

A LA SECTION DE BRUTUS,

PAR CHARLEMAGNE FILS,

Décadi 10 Frimaire de l'an II. de la République, une et Indivisible.

DANS LE TEMPLE DE LA RAISON ET DE LA VÉRITÉ.

Imprimé par ordre de l'Assemblée générale de la Section.

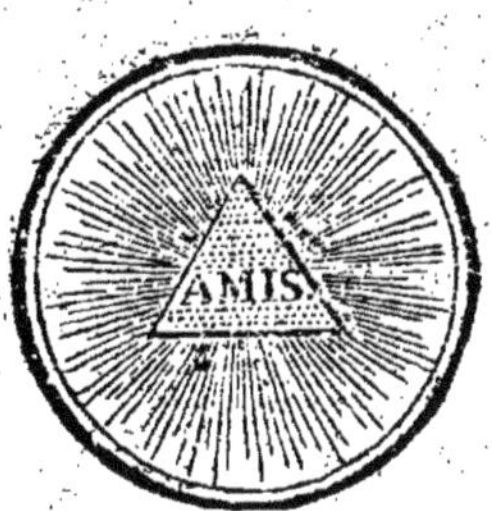

A PARIS,

DE L'IMPRIMERIE DE LA SECTION DE BRUTUS, Rue S. Fiacre, N°. 2.

L'AN 2e. DE LA RÉPUBL.

DISCOURS

Prononcé par CHARLEMAGNE fils, Decadi 10 Frimaire de l'an 2e. de la République Française, une et indivisible, à midi, dans le Temple de la Raison et de la Vérité; lieu où se tiennent les séances de l'Assemblée générale de la Section de Brutus (1).

Vitam impendere vero.

RÉPUBLICAINS,

La base la plus solide d'une République consiste dans les bonnes mœurs, et les bonnes mœurs

---

(1) L'Assemblée générale a arrêté qu'elle renonçoit au culte de l'erreur; et que tous les Decadi à midi, des Discours et des Hymnes patriotiques seroient entendus dans le lieu de ses séances (ci-devant l'Eglise S. Joseph). On a remarqué avec plaisir que de bons Sans-Culottes et de bonnes mères de famille venoient en foule écouter avec satisfaction les apôtres de la vérité. On y bâilloit moins même qu'à la Messe et aux Vêpres.

naissent naturellement chez un peuple éclairé. Cultivons notre raison, nous aurons des lumières; pratiquons la justice, et nous serons aussi heureux dans l'intérieur de l'état, que nous serons craints et révérés au dehors; mais sur-tout ne sacrifions qu'à la Vérité; dépouillons-nous de nos vieilles erreurs, et le régne du mensonge et de l'hypocrisie sera passé sans retour. Et vous principalement, peres et meres, instituteurs-nés de vos enfans, gardez-vous de flétrir par des préjugés la raison naissante de cette jeune et précieuse race, qui doit consolider le grand œuvre de la régénération française. Songez que vos enfans sont à la patrie, qu'elle vous confie le soin de les élever pour elle, et que vous vous rendriez criminels, si vous ne remplissiez pas son vœu. Gardez-vous sur-tout de circonscrire leurs facultés intellectuelles dans le cercle étroit des absurdités enseignées jusqu'à présent par les auteurs, fauteurs et complices du despotisme et de la tyrannie; ils ont prêché des sectes que jusqu'à ce jour on a eu la sottise d'appeler religieuses, et que j'appele, moi avec tous les hommes sensés, impies, criminelles, corruptrices des mœurs, liberticides, et attentatoires aux droits et à la raison de l'espèce humaine. — Homme! fils de la nature, as-tu donc été créé pour courber ton front majestueux et superbe, à l'aspect de ton semblable, et devant d'indignes et viles idoles dont le tems ou les vers font tôt ou tard justice? Non, tu es né pour la vérité, elle est de tous les tems, de tous les siécles ; elle est impérissable, et si elle a été, si elle est encore ; si elle pouvoit être méconnue, elle n'en est pas moins éternelle comme la nature. Mais, déja son régne commence pour les Français. De toutes les parties de la République nous avons vu l'éclair de la vérité sillonner la nue, et réduire en poussiere les institutions gothiques du fanatisme et de l'idolatrie, qui depuis tant de tems tenoient notre raison sous le joug de l'imposture. — Républicains ! sachons profiter du moment où l'ignorance effrayée fuit le sol de la France, affermissons l'étendard de la raison : qu'éclairé du fanal de la vérité, il flotte sur tous les départemens de la République, alors le monstre hideux du fanatisme, couvert du sang de toutes les nations, de toutes les générations, ne trouvera plus d'asyle parmi nous.

Auguste vérité, tu n'as cessé de planer sur notre globe, et si long-tems les peuples t'ont méconnue ! Fourbes, qui avez attaché le bandeau de l'erreur sur le front des nations, je vous voue à l'exécration des races futures ! Périsse l'infâme qui auroit la sacrilege audace d'enseigner un culte dont il voudroit être le Prêtre. — Peuple ! connois un Dieu, mais au nom de l'humanité, que l'audacieux qui prétendra se placer entre lui et toi, reçoive à l'instant la punition due à une si coupable témérité ; ta main puissante doit l'anéantir. C'est ainsi que tu briseras le premier anneau de la chaîne destinée à t'asservir, toi et tes enfans.

Dès son berceau, l'homme étoit environné de préjugés : au lieu de cultiver sa raison et de la développer avec soin, au lieu de donner au ressort de sa pensée, toute l'énergie dont il est susceptible, on le façonnoit à la bassesse, à l'esclavage des superstitions. Enfin l'espèce humaine étoit la proie des vautours du Clergé. Citoyens ! n'aguères il eût été vrai de dire que vous aviez de la religion, et point de mœurs ; maintenant vous ne croyez plus à la religion, c'est-à-dire, à la superstition ; mais faites en sorte de faire succéder des vertus à vos vieilles erreurs. Vous êtes trop éclairés, j'aime à le croire, pour être encore dupes des fripons qui voudroient vous prêcher la foi ; il faut de la foi pour croire à des mensonges, il n'en faut pas pour se rendre à la vérité. Les dogmes, quels qu'ils soyent en matière de religion, sont des œuvres de ténèbres ; la vérité est toute lumière. Les Théologiens avoient fait de vous de grands enfans ; leur enfer et toutes leurs rôtisseries sempiternelles n'étoient que des fictions inventées pour vous faire peur, et tel qui s'amusoit à l'opéra, de l'enfer des Poëtes, étoit assez sot de redouter celui dont l'Eglise menaçoit les incrédules. Citoyens, le sage sait qu'il est des tourmens pour le crime, il sait qu'il existe une récompense pour la vertu : mais ne vous y trompez pas, l'enfer et le paradis sont tous deux dans le cœur de l'homme : la nature y a placé la conscience. C'est cette conscience vengeresse qui condamne à des remords poignans les coupables mortels assez imprudens pour croire qu'il est possible de leur imposer silence, et qui sont assez criminels pour porter quelqu'atteinte aux loix immuables de la nature et de la société. C'est cette conscience rémunératrice qui répand sur la vie de l'homme juste et vertueux, cette abondante rosée de voluptés pures qui font de ses jours une chaîne non interrompue de jouissances et de bonheur. Soyons donc toujours en paix avec ce sentiment intérieur de notre âme, c'est le plus sûr préservateur de nos mœurs.

Tous les faux moralistes, tous ces énergumènes à sandales ou en rabat, tonnoient contre les passions en général, et ils vouloient nous persuader qu'ils n'avoient en vue que de rendre les hommes meilleurs. Hypocrites ! c'étoit pour mieux asseoir votre despostisme sur les consciences. Les passions sont innées dans le cœur de l'homme, c'est le mobile de toutes les actions, et prétendre les extirper, c'est avouer qu'on est un fou. Les passions sont nécessaires; il est vrai qu'elles contribuent également à nous donner des vertus et des vices; mais c'est à la morale à les gouverner, et alors elles deviendront aussi utiles, qu'elles auroient pu être pernicieuses. De quoi n'est pas susceptible, par exemple, l'amour de la gloire ? Cette belle passion enfante des héros;

mais elle est un crime aux yeux des hommes libres si elle n'est pas subordonnée à l'amour de son pays. L'amour de la gloire bien dirigé produira des Aristide, des Phocion, des Caton d'Utique. Celui qui n'a pas pour but le bien de la patrie ne produira au contraire que des Alexandre, des César, des Louis XIV et des Charles XII; monstres qui ont abusé d'un sentiment précieux que la nature a gravé dans tous les cœurs.

Les passions sont l'âme du monde, disoit Mably, elles nous ont été données pour développer les facultés de notre âme, et par conséquent pour nous enseigner le chemin du bonheur; sans elles notre raison engourdie seroit sans action: elles allument notre génie. Les Prêtres, au lieu de les faire tourner à l'avantage de la société et à l'amélioration de l'espèce humaine, prétendoient les réprimer chez les autres, tandis qu'ils étoient eux-mêmes dominés par elles; ils avoient la sotte prétention de faire croire au peuple qu'ils n'étoient occupés qu'à les mortifier. Citoyens! la mortification des passions amène nécessairement leur corruption; aussi les débordemens les plus honteux ont-ils eu lieu précisément dans les cloîtres, et les exemples les plus dangereux ont de tous tems été donnés par les Prêtres. Mères aussi vertueuses que tendres, combien vous deviez vous révolter contre l'usage barbare et despotique qui vous forçoit de conduire vous-mêmes vos filles à l'école des vices, qu'on appeloit le tribunal de la Pénitence. Que de moyens la confession auriculaire procuroit aux monstres qui vouloient en abuser ! Voyez ce Prêtre cynique et corrompu qui brule de pénétrer les pensées secrettes de la jeune et timide *Eugénie* : usant du prétendu droit de scruter les âmes, c'est par des questions dictées par le crime, qu'il répand dans ce cœur agité par des passions, mais né pour la vertu, un vénin corrupteur pire cent fois que ces passions elles-mêmes ; et cette jeune personne, intacte et pure jusques dans ses pensées en s'agenouillant au confessionnal, s'en relève, l'imagination souillée et l'esprit entaché des plus dangereuses impressions, dont les suites produiront peut-être les plus affreux effets.

Mères coupablement crédules, frémissez de ces dangers trop fréquens ; méritez la confiance de vos enfans, et ils n'auront aucun secret pour vous, alors ils recevront de votre sagesse, de votre expérience, de votre amour, des conseils plus touchans, des avis plus fructueux que ceux donnés par l'hypocrisie : alors, et seulement alors vous pourrez vous flatter d'avoir donné des mœurs à vos enfans. Pour parvenir à ces fins, bannissez la sévérité de votre visage, n'affichez pas un rigorisme mal placé et toujours repoussant ; faites en sorte au contraire de faire naitre ce doux sentiment, cette intime confiance qui doit entraîner vos enfans à trouver une sorte de volupté à épancher dans votre sein les motifs de leurs inquiétudes, de leurs peines et même de leurs plaisirs. Ho! qu'une mere est à plaindre, je dirai plus, combien elle est criminelle, celle qui n'a pas eu assez de vertus pour inspirer à sa fille la confiance que cette derniere accorde à un Confesseur, à un homme qu'elle voit pour la premiere fois, et qui est à ses yeux environné d'un prestige qui en impose encore à sa timidité. Pleurez, femmes à qui ce reproche pourroit s'adresser, vous n'êtes pas dignes d'être honorées du titre sublime et sacré de mere, et vos entrailles auroient dû être éternellement stériles.

Faites pour inspirer un sentiment dont l'attrait est irrésistible, les femmes doivent s'attacher à connoître quelle peut être leur influence dans les états. C'est donc sur-tout à toi que je m'adresse, charmante moitié du genre humain; car il dépend de toi de nous donner des mœurs et des vertus, il dépend de toi de rendre pur tout ce qui t'environne, tu dois donc employer dignement tous les moyens que la nature a mis en ton pouvoir. Meres de famille, vraies Citoyennes, vous qui vous êtes montrées dociles à remplir les devoirs de la maternité, et qui avez allaité les fruits de votre union, c'est à vous seules qu'il appartient de créer la morale doméstique d'un peuple libre: si les loix d'une sage politique, d'accord avec le vœu de la nature, ont circonscrit vos droits dans le cercle de vos familles, sachez qu'ils n'en sont pas moins honorables, et que des devoirs sacrés vous y attendent. O vous qui les remplissez ces devoirs, respectables Citoyennes, jouissez du triomphe de vos vertus ; voyez les larmes de satisfaction, que votre aspect charmant fait verser à vos époux : un instant d'une semblable jouissance les dédommage des fatigues qu'ils éprouvent chaque jour en servant la chose publique.

Républicains, la France donnera la liberté au reste du monde ; mais quand les peuples voudront s'approprier vos loix, faites en sorte de leur offrir des vertus à imiter : vous croupissiez jadis dans les vices de toute espèce que le despotisme traîne toujours après lui ; vous vous êtes relevés avec énergie de cet état d'abaissement, et je vous le répète, il n'est que les bonnes mœurs pour conserver long-tems l'attitude d'une nation libre. Vous avez perdu de vue le goût frivole des meubles et des habits somptueux, goût qui caractérisoit les Français esclaves, et qui leur faisoit oublier les chaînes de la servitude, quand ils les portoient sous des lambris dorés. Gardez-vous donc bien de sacrifier au luxe, cet enfant gâté de la tyrannie, il vous conduiroit tôt ou tard à l'esclavage ; le luxe fait naître plus de besoins que l'homme quel qu'il soit n'a de moyens de les satisfaire ; il est le fléau des vertus sociales et des Républiques : c'est une des principales causes de la décadence de Rome. Moins l'homme a de besoins, plus il est indépendant : en se constituant en société, il engage une partie de sa liberté, parce que les loix lui garantissent le libre exercice de l'autre partie ; mais de quoi lui aura servi de stipuler avec tant de soins ce contrat politique, s'il consent à devenir l'esclave d'une multitude de besoins factices ? Républicains ! mettez à profit ces paroles d'un grand homme : (1) » Celui dont les besoins surpassent les forces, » fut-il un Lyon, un Aigle, fut-il un Dieu, est » un être foible ; celui dont les forces surpassent » les besoins, fut-il un insecte, est un être fort. »

Auguste Vérité, c'est toi qui dois mettre le comble à notre félicité. Aimable compagne de la liberté, ne permets pas que les nuages du mensonge puissent désormais obscurcir ton flambeau. La grimacière Hypocrisie ne peut en souffrir la lumière, fais la voir dans toute sa laideur aux peuples abusés, qu'ils en triomphent, et qu'enfin la terre soit purgée d'un monstre qui l'a couverte de crimes.

S'il étoit vrai que Dieu fût armé du tonnerre, comme on prétendoit nous le faire croire, et qu'il ne s'en servît dans sa colère que pour frapper des coupables, Prêtres de tous les climats, de tous les mondes, qu'on peut à juste titre appeller *Race de*

(1) J. J. Rousseau.

vipères, c'est sur vous que la foudre eût éclatée. L'éclair n'auroit brillé que pour réduire en poudre les couronnes, les thiarres et les mîtres. Mais l'effet naturel des loix du monde physique n'est pas celui de la vengeance de Dieu. Peuple! la nature t'a donné les moyens d'employer contre tes Tyrans une arme plus terrible, plus formidable que tous les tonnerres qui roulent dans l'immensité, c'est ta volonté si grande, si majestueuse, quand elle a pour mobiles la raison et la justice. Français, vous en donnez l'exemple au reste de la terre. La révolution que vous opérez a fait rentrer dans le néant tout ce qui tenoit à l'erreur, elle a fait détraquer la machine politique de tous les empires, et c'est en vain que les despotes se coalisent pour rattacher les anneaux de la chaîne qui tenoit la nation Française asservie. Qu'ils tremblent! le tems n'est pas éloigné où les armes qu'ils dirigent maintenant contre la République, seront tournées contre eux-mêmes.

CHARLEMAGNE fils.

L'ASSEMBLÉE générale de la Section de Brutus, après avoir entendu le discours prononcé par CHARLEMAGNE fils, voulant contribuer à la propagation des lumières et à la destruction du fanatisme, en arrête l'impression et l'envoi aux autorités constituées, aux 47 autres Sections, et aux Sociétés populaires. Ce 10 Frimaire l'an II. de la République, une est indivisible.

DUPEROU, *Président.*

HOUZEL, *Secrétaire.*

www.ingramcontent.com/pod-product-compliance
Ingram Content Group UK Ltd.
Pitfield, Milton Keynes, MK11 3LW, UK
UKHW021157230726
13926UKWH00001B/140